NUEVO
SILABARIO
HISPANOAMERICANO

LIBRO DE LECTURA Y ESCRITURA.

EDICIÓN 2014

Diagramación: Ricardo Morataya
Ilustraciones: Rolando Montufar

Hecho en El Salvador por:
IMPRESOS SANTA INÉS
TODOS LOS DERECHOS RESERVADOS

El idioma castellano es el más bello del mundo.

Leerlo y escribirlo bien es honrar a nuestra lengua materna.

El que ha leído cuidadosamente este hermoso y NUEVO SILABARIO HISPANOAMERICANO es y será, seguramente, un admirador más de este interesante libro.

Si ha comprobado cómo lo disfrutan y aprenden los niños, se convertirá en un entusiasta propagandista.

¡Un libro de lectura es un cofre mágico que encierra un mundo maravilloso!.

Y es usted, amigo maestro, quien al "ábrete sésamo" descubrirá a los niños, el prodigio de la palabra: ¡ Todo tiene un nombre !

Así como un arca maravillosa, el "NUEVO SILABARIO HISPOAMERICANO" responde desde ese toque fantástico.

Presenta los sonidos melodiosos, abiertos y hermosos de nuestras vocales (A, E, I, O, U) hasta las combinaciones extraordinarias de las palabras.

El "NUEVO SILABARIO HISPANOAMERICANO" es un fascinante libro. Pasito a pasito el niño aprende a leer y escribir. Emplea un método práctico, creativo e innovador que garantiza un aprendizaje inmediato. Treinta minutos diarios de ejercicios y ¡ Zas ! ¡ El milagro se ha realizado !

Tradicionalmente se enseñaba a leer con base a fonemas aislados de las palabras (sonidos labiales, interdentales, etc.). Claro que sí, usted debe usarlos, pero en vivencias con la base sonora de nuestras VOCALES A, E, I, O, U porque RECUERDE que el fenómeno de la comunicación no se logra con sonidos vacíos, aislados, sin sentido para el hablante, sino que son las palabras y luego las oraciones, las que permiten la comunicación.

¡ A, E, I, O, U ! Corean los niños, ¡ A, E, I, O, U ! Corea el maestro y así jugando se enseña y se aprende; practique, disfrute el interesante método del "NUEVO SILABARIO HISPANOAMERICANO".

¡ Haga que el niño aprenda solo !. Desarrolle la creatividad. Aumente el vocabulario y ¡ Habrá Triunfado !

a

e

i

o

u

ma   me   mi

m

mo   mu

amo
ama
amé
mamá
mima
memo
mami
mimo
Meme

mamá

ma me mi mo mu
Mamá me ama.
Mi mami ama a Meme.

Mi mami ama a Meme.

pa	pe	pi	papá

p

po	pu		

papá
Pipo
mapa
Pepe
papa
popa
pipa

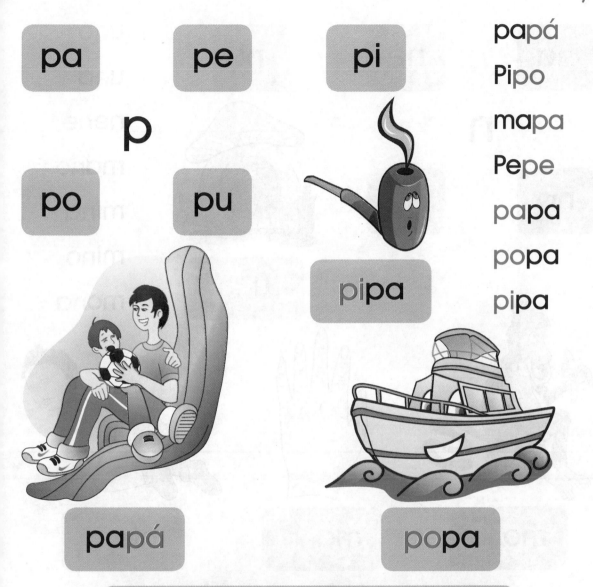

pipa

papá

popa

Amo a mi papá.
pa pe pi po pu
Mima ama a mi papi.

Mima ama a mi papi.

na   ne   ni

n

no   nu

uno

uno
una
nene
mano
mina
mino
mona

mono   mano   nena

na ne ni no nu
Nena mima una mona.
Mamá mima a nena.

Nena mima una mona.

la   le   li

l

lo   lu

mula
palo
pelo
pila
lila
luna
loma

luna

mula   ala   pala

Dame la lima.
La luna ilumina la pila.
Lola ama a la nena.

La luna ilumina la pila.

sa se si

s

so su

sapo

pesa
asilo
oso
ese
peso
piso
suma
sale
salami
misa

sopa mesa oso

Mi papá me puso sopa.

Mi mamá se pasea.

Mi oso pasa solo.

Mi papá me puso sopa.

da   de   di

d

do   du

dado

nada
nudo
dedo
duda
dime
dile
nido
dama
moneda

nudo   nido   dedo

Mamá, dame una moneda.
La dama le da su sopa.
Papá da su dado a Meme.

Mamá, dame una moneda.

ta	te	ti
t		
to	tu	

tela
tía
teme
tapa
tina
tapita
lata
nata
pato
tomate
Pepito

pelota

tomate

pata

patito

Memito dame tu pelotita.

Mi tía mide la tela.

La pata de Pepito nada.

Memito dame tu pelotita.

ba be bi

b

bo bu

nube
nabo
loba
bala
beso
bola
bonito
bonita
bebida

lobo

bata bote bota

¡Bonita bata, mamá!
Susana bebe limonada.
Esa loba iba a la loma.

¡ Bonita bata, mamá !

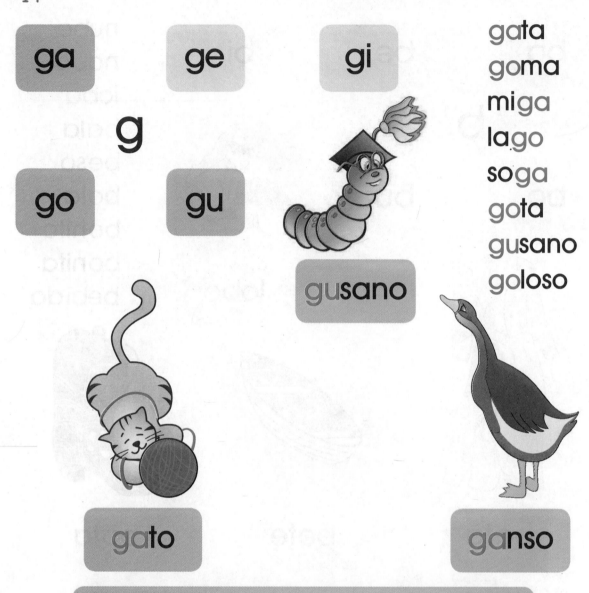

ga ge gi

g

go gu

gata
goma
miga
lago
soga
gota
gusano
goloso

gusano

gato

ganso

Tu gato lame la pelota.
Mi ganso teme a tu gusanito.
Su gatito sale de la pila.

Tu gato lame la pelota.

ca   ce   ci

pico
cuna
como
cola
come
capa
cucú
camisa
cose

co   cu

saco

casa   comida   copa

Pamela cose la camiseta.

Lolita come toda la comida.

Dame la camisa de Paco.

Lolita come toda la comida.

va	ve	vi

V

vo	vu

pavo
nave
lava
vino
vaso
vale
pavo
uva
oveja

uva

pavo   vaso   vaca

Mamá, lava tu vaso.

La oveja sube a la colina.

Vino mi papá a la casa.

Vino mi papá a la casa.

fa   fe   fi

f

fo   fu

fama
fino
Felipe
fuma
Filomena
foto
fea
fila

teléfono

sofá   café   foca

Felipe tomó una foto.
Filomena toma café.
Dame tu teléfono mamá.

Dame tu teléfono mamá.

ña   ñe   ñi

ñ

ño   ñu

uña
año
baño
leña
caña
moño
paño
piñata
mañoso

muñeca

piña   niño   niña

La niña pide una piñata.
Esa dama socó mi paño.
Toñita toma la muñeca.

La niña pide una piñata.

ja je ji

j

jo ju

caja
cojo
ajo
teja
paja
tinaja
José
mojado

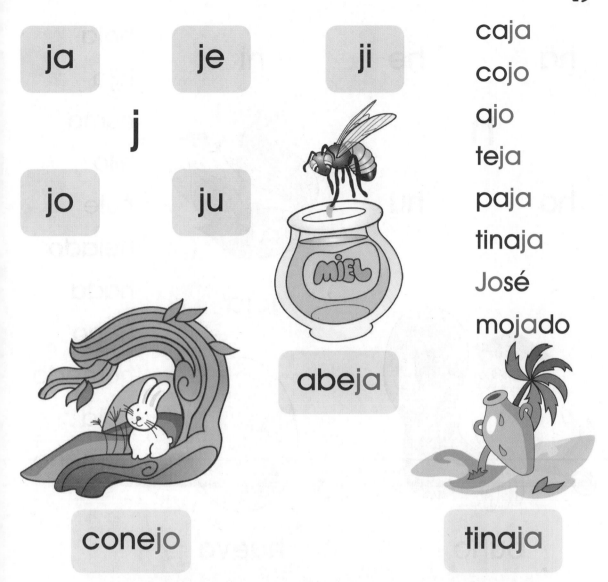

abeja

conejo

tinaja

La abejita se mojó.
José, dame la caja mojada.
Tu gata ve a mi conejo.

José, dame la caja mojada.

ha   he   hi

h

ho   hu

hoja
hijo
humo
hilo
hule
helado
hada
heno
húmedo
hola
humano

hoja

buho   huevo

Tu hijo come su helado.

Hugo dame la hojita.

Mi hija ha tejido una camisa.

Tu hijo come su helado.

lla   lle   lli

ll

llo   llu

llave

camello   silla

pollo

valle

olla

tobillo

anillo

botella

lleno

llama

pellejo

Mamá lleva una botella de vino.
La gallina llama a su pollito.
Los pollitos pían.
Felipe lima la llave de la casa.

Los pollitos pían.

ra

re

ri

r

ro

ru

aro

oro

toro

torero

cara

arena

salero

sopera

faro

madura

llavero

mariposa

loro

Mira el lorito de Carolina.
Teresa, dame mi tomate rojo.
Sara mira la mariposa.
Pepe da su llavero de oro a mi hijo.

Sara mira la mariposa.

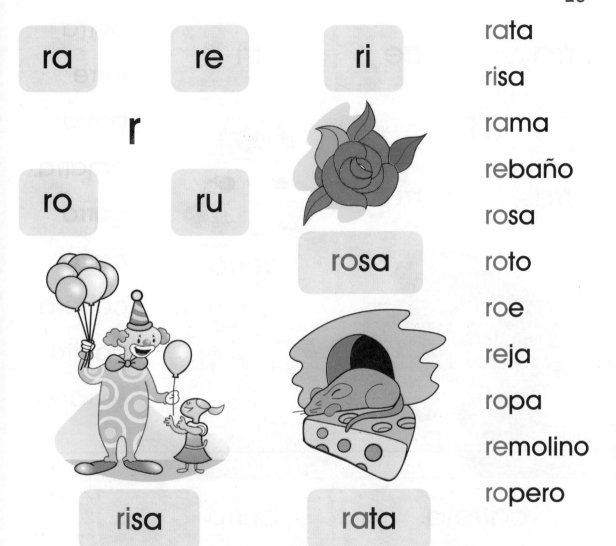

ra	re	ri

r

ro	ru

rosa

risa   rata

rata
risa
rama
rebaño
rosa
roto
roe
reja
ropa
remolino
ropero

Rosita, dame la ropa rota.
Renato mira la rosa.
Susana lleva una rosa roja.
Rina, pídele la sábana a Romeo.

Renato mira la rosa.

rra   rre   rri

rr

rro   rru

perra
torre
barro
amarra
garra
carro
carrera
carrito
serrano

perro

carreta   burro

Mi perrito corre en la colina.
Rosita corre rápido.
Tu burro lleva mi carreta.
Renato amarra su caballo.

Mi perrito corre en la colina.

ca   ce   ci

c

co   cu

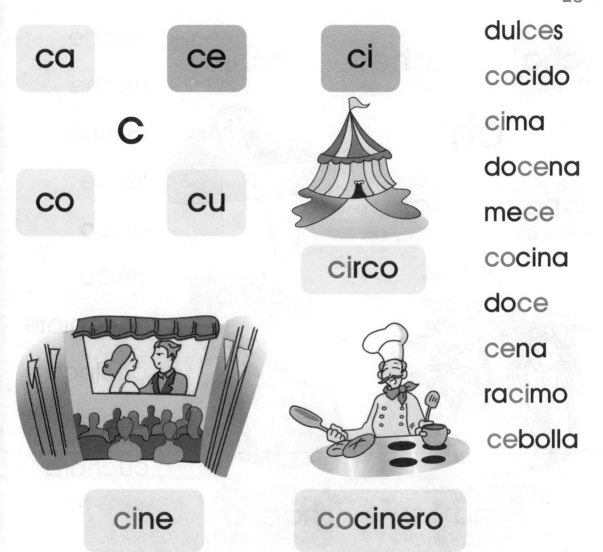

dulces

cocido

cima

docena

mece

cocina

doce

cena

racimo

cebolla

circo

cine   cocinero

Celina va a mi casa.
Paco cocina la cena de mi mamá.
Come tu uva madura ahora.
Tu cocinero lleva la comida de Celina.

Tu cocinero lleva la comida de Celina.

cha che chi

ch

cho chu

coche

noche

cacho

leche

chico

chica

chocolate

chaleco

cuchillo

cuchara

ocho

china hacha

La chinita toma leche.
Mi chico come chocolate.
Dale filo a tu cuchillo.
Mi coche corre de noche.

La chinita toma leche.

ga   gue   gui

g

go   gu

guiso

guerra

guitarra

guitarrita

sigue

apague

amiguito

águila

amiguita

aguilucho

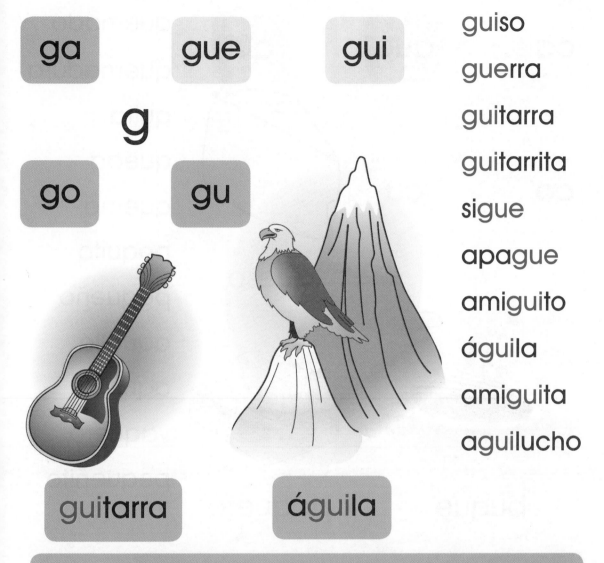

guitarra   águila

José toca la guitarra.
Mi amiguito sigue su camino a la casa.
Mira mi águila, mamá.
Mi guiso lo cocinó tu amiguita.

Mi guiso lo cocinó tu amiguita.

ca	que	qui	quemado
			quemadura
			quita
co	cu		queda
			quema
		queso	poquito
			pequeño
			aquella
			aquello
			vaquero
buque	paquete		pequeñito

Rosita come poquito queso.
Mira ese pequeñito buque.
Papá le quitó la pelota roja a su pequeño hijo.
Ese pequeñito se lleva mi queso.

Rosita come poquito queso.

ga	**ge**	**gi**

go	**gu**

género
rí**gi**do
a**gi**tado
gemido
generoso
vi**gi**lia
diri**ge**
giro

gemelo

gitana

gema

La gitana dirige su caravana.

Dame la gema de mi gemelo.

Rosa vino agitada a la cena.

Dame la gema de mi gemelo.

za　　ze　　zi

Z

zo　　zu

zapato

zorro

taza

zorro
zoológico
zapato
lechuza
buzo
lazo
maleza
terraza
cabeza
pizarra

Ese zorro pícaro vive amarrado.
Mira la cabeza de la lechuza.
Cose mi zapato, zapatero.
Liza dame café de la taza de mi cuñado.

Mira la cabeza de la lechuza.

al el il

sal

salto

pastel

perejil

azul

alto

último

albañil

ol ul

girasol

palmera

caracol

El lazo de tu cabeza se ve azul.
El vino sale de la uva madura.
Mira el coco amarillo de la palmera.
Elsi va al cine de noche.

El vino sale de la uva madura.

an   en   in

invita

envase

once

on   un

anhela

invitado

cajón

panda

santa

pintura

limón

pan   patín

El ratón come pan.
El melón está encima del banco.
Rosibel toma un jugo de limón.
Ángela pintó un osito panda.

Rosibel toma un jugo de limón.

as es is

os us

asno
manos
lista
pescado
usted
juntas
feas
maduras
jabones
llaves
astillas
cantos

escalera

pescado

cisne

La noche está linda.
Jesús nos ama mucho.
Es una isla lejana.
Muchas casas están solas.

Jesús nos ama mucho.

ar　　**er**　　**ir**

or　　**ur**

armar
arpa
cortar
arqueo
comer
corto
cartera
torta
turno
cerca
borde
adorno

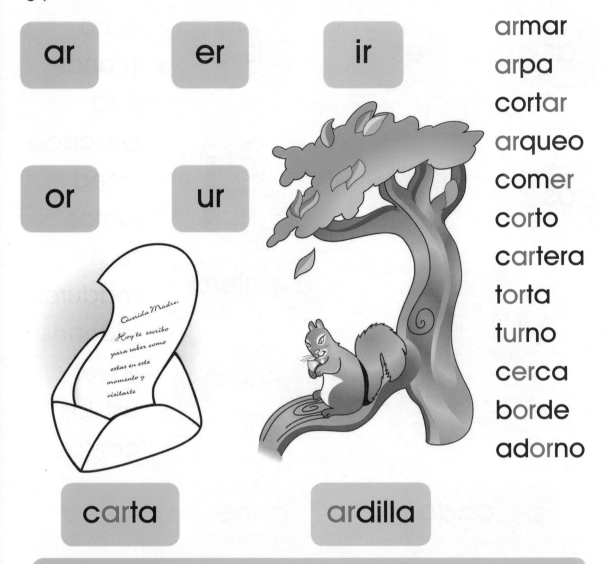

Querida Madre:
Hoy te escribo
para saber como
estas en este
momento y
visitarte

c**ar**ta　　　　**ar**dilla

Irma recibe una carta de Carmen.

Arturo come una rica torta.

Mire el hermoso árbol de papel.

Arturo come una rica torta.

am **em** **im**

tumba

témpano

bombones

bomberos

zumbido

campo

om **um**

campana

embarrado

embudo

importante

embustero

campesino   tambor

¡ El tamborcito dice pom, pom, pum !.

Oye cómo zumba la abeja izum, zum!.

Enma dice que los bomberos
son importantes.

¡ El tamborcito dice pom pom pum !

ai	ei	oi

jaula

baile

Paula

Reuma

Reina

deuda

eu	au

seis

seis

bautizo

peinado

naipe

baile

auto

¡ Qué lindo baila Paula !

El bautizo de Paulina estuvo lindo.

Raúl lleva un pájaro a la jaula de Paulina.

Laura baila con seis niños.

Laura baila con seis niños.

ia	ua
ie	ue

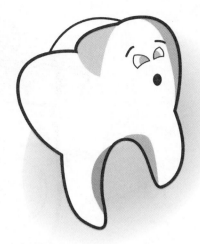

lluvia

abuela

siete

hueco

pierna

agua

hielo

Mario

dieta

tierra

miedo

muela

piano

Me duele mucho la muela.

Mi abuelita vino bajo la lluvia.

Juana tiene nueve años.

Piedad toca el piano de la escuela.

Juana tiene nueve años.

io

ui   iu

canario
ruido
labios
viuda
cuida
indios
fui
ruinas

canario

indio

radio

Los indios son nuestros antepasados
Luisa cuida su canario
La boina de Luis está junto a su radio.
Eunice canta como un canario.

Luisa cuida su canario.

ya ye yi

y

yo yu

yema
yo
yugo
yunque
yate
yuca
yeso
cayado
cayó

joya

payaso

yate

Yolanda vio al payaso.
El yate de Pepe es una joya.
Invitaré al bautizo hasta el mes de mayo.
Oye, ese yoyo es mío.

Oye, ese yoyo es mío.

ay

ey

oy

uy

rey

buey

ley
voy
hay
doy
mamey
hoy
muy
estoy
soy
maguey

Me voy a mis vacaciones ; estoy muy

contento porque ya casi puedo leer.

Ya escribo muy bien en el cuaderno.

pra

pre

pri

pro

pru

compro
prometido
apretado
primavera
prudente
primo
prosa
prisa
pradera
preso
prohibido
prendedor

premio

profesor

preso

¡ Qué sorpresa ! Gané el primer lugar.

¡ Es un gran premio !

La profesora me felicitó.

Mi primo vino temprano ayer.

dra dre dri

madre
padrino
golondrina
ladrillo
esdrújula
madrina
dragón
escuadrilla
drama
drenaje
droga

dro dru

cuadro

padre golondrina

Mi padre y madre son mis amigos.

Mi padrino se llama Pedro.

Mi madrina canta como golondrina.

tra tre tri

tro tru

trigo
traje
catre
cuatro
trago
trece
metro
astro
trucha
tren

estrella

pupitre tren

Mi maestra se llama Estrella, tiene un traje color trigo, me enseña a bailar todos los días. Durante cuatro horas baila y canta.

bra   bre   bri

bro   bru

sombrero

brazo

cabra

brazo
brocha
brecha
libro
cobre
abrigo
sobre
libreta
bruja
pobre
hombre

Juanita abre su libro. Tiene una cabra dibujada.

¡ Qué rica la brisa de diciembre ! Es el mes de Jesús. Se honra al Niño que está en el pesebre.

gra   gre   gri

gro   gru

sangre
gruta
grada
Grecia
grito
grosero
grande
Gregorio
gris
grato
grama

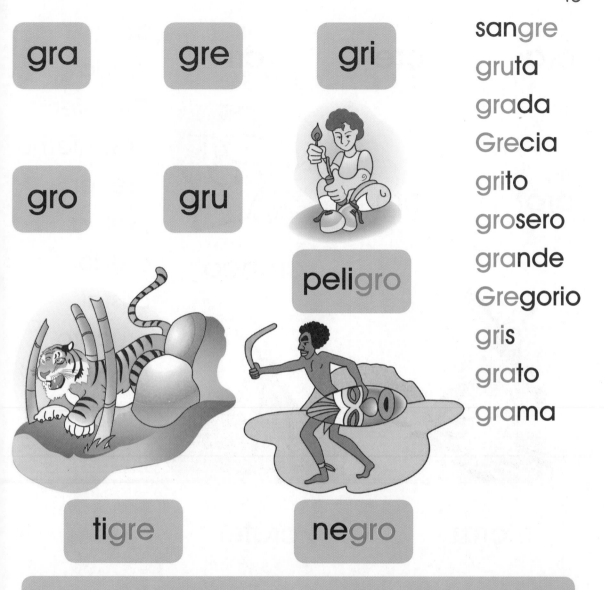

peligro

tigre   negro

El tigre es peligroso.

El negrito es gracioso.

¡ Ay !, gritó Graciela.

Juana acaba de gritar.

cra

cre

cri

cro

cru

acre
cruda
Cristofer
crisantemo
crecer
crema
credo
cristal
crucero
crédito
crónica

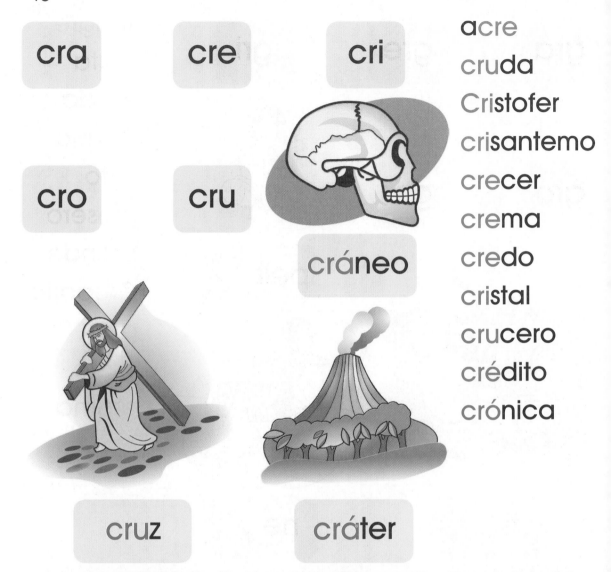

cráneo

cruz

cráter

¡ Qué hermoso es el cráter del volcán !

Él puso una cruz en la cima.

Cristóbal subió al crucero
y les llevó crisantemos.

fra	fre	fri
fro	fru	

fragata
Francisco
Alfredo
freno
frito
frambuesa
fraude
frontera
frente
frijol
frotar

cofre

fresas

fruta

Los frijoles fritos son "ricos".

"Alfredo Espino", es nuestro poeta.

"Francisco Gavidia", es un escritor salvadoreño.

pla

ple

pli

plo

plu

plano

plancha

templo

plaza

pleito

plumero

pluma

plomo

plata

aplicar

placa

aplanar

plural

plebeyo

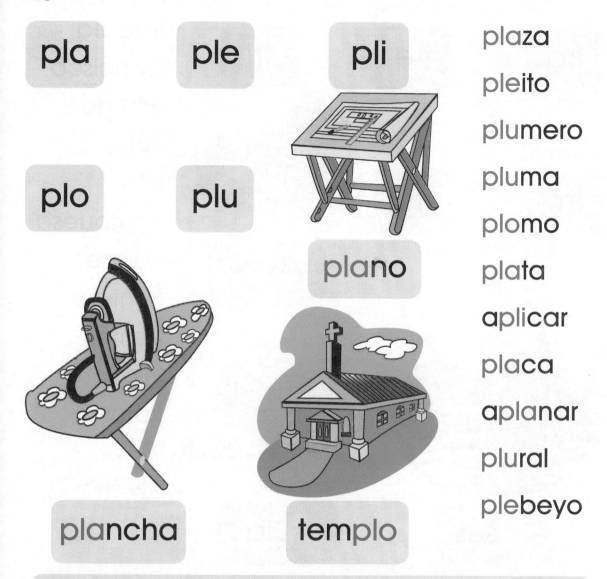

Yolanda es aplicada.

Ella celebra su cumpleaños.

Le regalaré una pluma de plata.

Iremos al templo de la plaza.

bla   ble   bli

blo   blu

sable

cable

poblado

blanco

bloque

problema

roble

Pablo

temblor

neblina

tablero

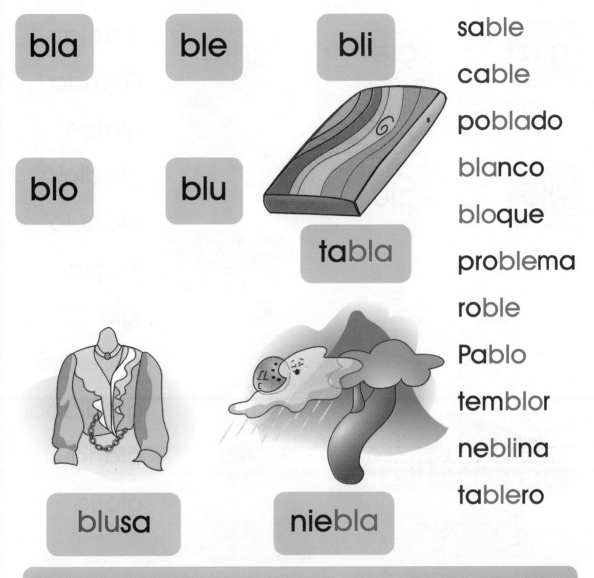

tabla

blusa

niebla

Pablo habla así ¡ Ay ! ¡ Qué temblor !

El roble es un hermoso árbol.

Las casas del pueblo son blancas.

El poblado se cubre de neblina.

gla　　gle　　gli

glo　　glu

regla

iglesia　　globo

glaciar

Glenda

glotón

gladiola

glóbulo

jungla

iglú

glicerina

gladiador

glándula

gloria

¡ Qué bien ! ¡ Cuántos globos !

Glenda lleva una gladiola al altar.

¡ Gloria a Dios !

Cantan los niños en la iglesia.

cla   cle   cli

clase

clima

clero

motocicleta

clo   clu

cloro

recluso

declive

ancla

clavel

clavo

clave

Clara

claveles   bicicleta

El clima de mi país es cálido.

Clarita usa el triciclo en casa.

Clemencia tiene una bicicleta nueva.

La maestra enseñó el uso del cloro.

fla	fle	fli

flo	flu

florero
flotilla
flauta
flaco
rifle
flema
inflado
Flavio
fleco
flama
flotar

flecha

flamenco

flores

¡ Qué bella flauta tiene Flavio !

Las florecitas lucen lindas en el florero.

La flecha señala dónde está la flotilla.

ka

ke

ki

kilo

kiosko

kilogramo

kaki

kepis

kikiri-ki

kiko

kilómetro

ko

ku

Katerine

Kimono

Katerine va al kinder.
El gallito dice ki-ki-ri-ki
Él caminó dos kilómetros.
Flavio practica karate.

ax

ex

ix

ox

ux

6°

sexto

Félix

extensión

extenso

éxito

axila

excusa

excursión

expulsión

éxodo

exigir

examen

texto

Me gustan las excursiones.

En sexto grado se exige leer muchos textos.

La exposición fue un éxito.

Pingüinos

Los pingüinos son aves que viven en las orillas del mar y donde hace mucho frío.

Estos pájaros caminan muy despacio y no pueden volar porque tiene las alas demasiado cortas. Pero en cambio, con estas aletas pueden nadar muy bien debajo del agua y pescar muchos peces.

Los huevos fritos de pingüino tienen gusto a pescado.

Desde lejos, los pingüinos parecen niños que estuvieran jugando sobre el hielo.

En la Antártica chilena y Argentina hay muchos pingüinos.

Güisquil

Agüita de coco

Pingüino

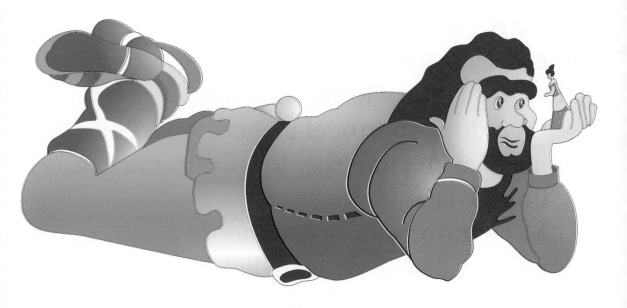

El gigante

En un país muy lejano la gente era muy pequeña y por eso se llamaba el país de los enanos.

Un día llegó un gigante. Todos los enanos le tuvieron miedo al principio, al verlo tan grande; pero después vieron que el gigante no era malo y tenía buen genio, y se fueron acercando hasta que terminaron jugando con él. Lo malo estaba en que los enanos se cansaban muy pronto, porque el gigante caminaba muy ligero; entonces él se ponía a dormir esperando que llegaran los enanos.

Cierta vez el gigante no se despertó, porque tenía mucho sueño. Entonces ellos, por jugar, le quitaron su reloj y lo escondieron.

Cuando despertó, el gigante tomó, también por juego, a un enanito y lo levantó muy alto en la palma de la mano.

El enanito, muy asustado, le contó que el reloj estaba debajo de un árbol, tapado con una alfrombra.

Entonces el gigante para demostrarle que no estaba enojado, se arrancó un bolsillo y se lo regaló, para que con él se hiciera un par de abrigos.

Autor anónimo.

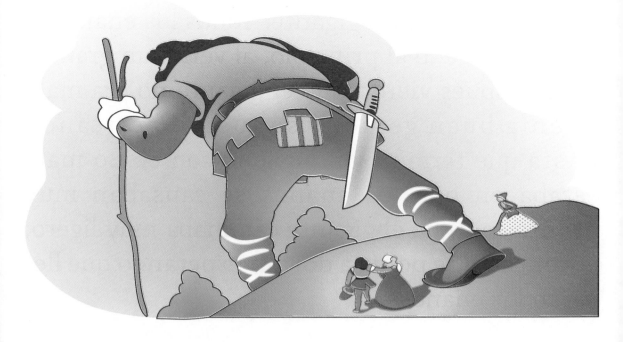

El Pan

Cierta vez, Juanito oyó decir a su padre que el pan salía de la tierra, y que la tierra daba al hombre lo que se le pidiera. Todo era cuestión de un poco de trabajo y de tiempo.

Muy entusiasmado, Juanito se lo contó a otros niños, y todos se pusieron a cavar la tierra en el jardín para sacar pan.-

Al cabo de un rato lograron abrir un hoyo bastante hondo; pero del hoyo no salía más que tierra y algunas piedras, y nunca se veía el pan. Entonces los niños dijeron a Juanito que era un mentiroso.

Juanito se puso muy triste y se fue a decirle a su mamá lo que pasaba. Ella entonces lo tomó de la mano y lo llevó donde estaban sus amigos.

Al llegar, la mamá les dijo: " El pan no sale de un hoyo, sino de la tierra. En la tierra se siembra el trigo; después el molinero muele el trigo y lo convierte en harina; en seguida el panadero le echa agua a la harina y hace una masa. Esta masa la corta en pedazos pequeños y la coloca en el horno para cocerla, y después de un rato, sale convertida en pan.

"Ahora saben ustedes continuó diciendo la mamá -que para hacer pan se necesita harina; que para hacer harina se necestia trigo, y para que haya trigo se necesita tierra. Sin tierra y sin trabajo no puede haber pan."

Autor anónimo.

La Codicia

Todos los niños jugaban a las bolitas en el patio de la escuela. Oscar también jugaba, pero era muy ambicioso, porque no se conformaba con las que tenía y quería tener más que los otros niños. Como no pudo ganarlas jugando, comenzó a comprarlas con el dinero que le dabán sus padres para dulces.

Pronto tuvo tantas, que el bolsillo se le llenó de bolitas. Oscar estaba muy contento y se fue corriendo a su casa para guardarlas. Pero cuál no fue su sorpresa al comprobar que llegó sin ninguna. Se le había roto el bolsillo y se le cayeron, de una en una, por el camino. La codicia castigó a Oscar, pues se quedo sin jugar, sin las bolitas y sin comer dulces.

Autor anónimo.

El Lobo Pastor

EL QUE PASE POR
EL PUENTE SE CAE
AL AGUA PORQUE
ESTÁ QUEBRADO

En un lejano bosque vivían muchos cabritos contentos y tranquilos, hasta el día en que llegó un lobo que se comía a los más chicos. Entonces se fueron a vivir muy lejos, en un pueblecito llamado: "Redil".

El lobo preguntó mucho por donde se llegaba

a "Redil", pero nadie le dijo, porque todos sabían que volvería a comerse a los cabritos. Entonces se vistió de pastor para que no lo conocieran. Se puso pantalones, camisa y sombrero, y comenzó a engañar.

Primero se encontró con un sapo. Le preguntó; " ¿ Sábe usted, don sapo, por dónde se llega a "Redil ? ". Y el sapo le dijo: "Por la orilla del cerro, buen pastor".

Caminó varios días, hasta que se encontró un conejo y le preguntó por "Redil"
El conejo le contestó: "tiene que llegar al río y pasar por el puente, elegante pastor".

"Muchas gracias, don conejo", le dijo el lobo, y siguió caminando...

Pero resulta que el puente estaba por quebrarse y había que pasar el río en bote.

Allí habían puesto un letrero que decía: " El que pase por el puente se cae al agua, porque está quebrado".

Una cabrita que sabía leer estaba esperando el bote para ir a "Redil". En esto, llegó el lobo y le dijo: "señora cabrita, ¿ quiere leerme este aviso, por que yo no sé leer ? ".

La cabrita reconoció al lobo cuando le miró las patas y la cola. Entonces pensó que el lobo quería ir a "Redil" para comerse a sus hijitos. Y para engañarlo leyó el letrero de otra manera, y dijo: "Por este puente se llega más pronto a "Redil".

El lobo corrió por el puente y cantando de-cía: " ¿ Comeré diez cabritos ? Mejor veinte ". Y ¡pum!, se quebró el puente, se cayó al agua y se ahogó. La cabrita llevó la noticia a "Redil" y todos saltaron de alegría.

Autor anónimo.

El Tren

1) Mi trencito
de madera
donde quiera
va a correr.

2) No se cansa
ni descansa
chu-cu chu-cu,
por el riel.

3) Es de carga
y es expreso,
muy travieso
por doquier.

4) Baja, sube
y echa humo
como nubes
de algodón.

5) De repente,
insolente,
echa nubes
de carbón.

6) Se alborotan
los caballos
y las vacas
al pasar.

7) ¡ Los Boletos
de primera !
¡ Los boletos
de tercera !

8) Y la gente
de repente
se comienza
a preparar.

9) La campana
les avisa
que de prisa
hay que bajar.

10) Y, en mi sueño,
soy el dueño,
chu-cu chu-cu
de este tren.

(Estrofa 10 Lenta)

Autor anónimo.

La Desobediencia

Pily y Richard volvían juntos a su casa apenas salían de la escuela, porque su mamá siempre les decía: " No jueguen por el camino ni se detengan en las esquinas. Los niños deben regresar a sus casas tan pronto salen del colegio".

Una tarde, al volver a casa, Richard se detuvo en una esquina mirando a un hombre que tocaba un organillo y hacía saltar a un monito que llevaba atado a una cuerda.

Pily le recordó que debía seguir su camino, pero él no le hizo caso y se quedó mirando al mono. El hombre se puso en marcha por otra calle y Richard lo siguió. Su hermanita le gritaba que debía volver a casa, pero él se reía del mono y se alejaba cada vez más y más. Pily se fue corriendo a decirle a su mamá lo que pasaba.

Tanto se alejó el organillero, que Richard, cuando quiso volverse, no supo qué camino tomar para volver a su casa. Al fin tomó una calle que le pareció conocida, pero no llegó a la casa, y a cada momento la fue notando más distinta. Al verse perdido se puso a llorar. Se acordaba de los ruegos de la hermanita y de su mamá, y más lloraba....

Anduvo otro poco y quiso descansar, pero de un portón salió un perro negro y le comenzó a ladrar. Richard tuvo mucho miedo y corrió para otro lado, hasta que al fin el perro entró.

Rendido ya, se puso a descansar y se hizo de noche.

Caminó para allá, caminó para acá, pero no encontraba el camino. De repente divisó unos árboles muy grandes que le parecieron los pinos de la escuela; pero al acercarse vió que estaba otra vez en el portón de donde salió el perro negro. Más lloraba....

Al cabo de un rato, le pareció que alguién gritaba desde lejos. Dejó de llorar para oír mejor y escuchó: "¡Richard!...¡Richard!"...

Era su mamá que se acercaba. Corrió hacia ella, la abrazó y la besó muchas veces. Y llorando de alegría le prometió no ser más desobediente.

Autor anónimo.

Carta de una niñita
a su amiga

Mi querida Adilia Inés:

Te escribo esta carta para decirte que ya he aprendido a leer y escribir. La hago con lápiz porque mi mamá no quiere que escriba con tinta todavía. Ella dice que me mancho las manos y derramo la tinta por todas partes.

Fíjate que el otro día, cuando escribí con la pluma que tenía mi papá en el escritorio, vino mi hermano-el grandote de Juan, él que tú conoces - y le dió vuelta al tintero encima de la mesa, y se mancharon muchísimos papeles. Pero todo esto no importa, porque mi tía Filomena me va a regalar una pluma de ésas que escriben sin tintero.

Te contaré que mi mamá me compró una muñeca muy bonita para el día de mi cumpleaños. Todos los días juego con ella, apenas salgo del colegio, y por la noche duerme conmigo.

Contéstame pronto.
Te abraza tu amiga que
te quiere,

Raquelita.

Me olvidaba decirte que me
sacaron un diente que tenía
suelto; pero casi ni lloré.

Contestación

Querida Raquelita:

Recibí tu carta. Pero me la entregaron abierta, porque mi hermano más grande me dijo que yo no sabía leer bien todavía, y la leyo él primero. Mi papá lo **regaño** y mi mamá tambien.

Me alegro que tú sepas escribir. Pero me gustaría que, para otra vez, no me escribas en hojas de cuadernos.

Aquí todos estamos bien. Yo estuve un poco enferma el sábado, a mi mamá se le ocurrió darme un purgante y no pude ir al teatro el domingo.

Cuando me escribas nuevamente, no te olvides de poner esto, con letras bien grandes: "Los mal educados abren las cartas de otras personas".

Te abraza tu amiga,

Adilia Inés.

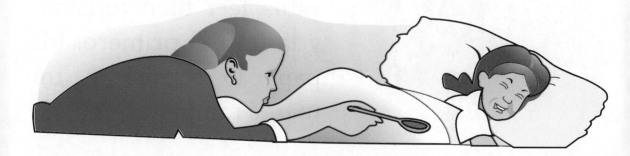

Las Cartas

Para escribir una carta se
necesita papel, lapicero,
pluma, tinta y una estam-
pilla también.

La letra debe ser clara,
redonda o de estilo inglés,
parejita y, sin manchas, que
todos puedan entender.

La dirección, muy exacta:
que no le llegue a José una
carta dirigida a un señor
don Bernabé.

Es cosa muy conveniente, detrás del sobre poner el nombre del remitente y el domicilio también.

Por muy curiosas que sean Merceditas o Raquel, no deben abrir las cartas si el sobre dice: "Manuel".

Carta de un niño a un amigo.

Estimado José:

Te escribo esta carta para decirte que ya salimos de vacaciones. En el colegio nos dieron premios a todos los niños porque aprendimos a leer y escribir. A mí me tocó un libro de cuentos muy bonito que se llama: "EL REY MIDAS".

Mi papá y mi mamá están muy contentos por las notas que me dieron en el colegio. Ellos dicen que los niños aplicados, cuando llegan a grandes, pueden ser ingenieros, médicos o aviadores. Pero yo quiero ser maquinista de tren, para manejar una locomotora de esas que echan mucho humo.

Te ruego me contestes pronto, porque el domingo nos vamos al campo.

Te saluda tu amigo,

Manuel.

Estimado amigo:

Recibí tu carta donde me cuentas que vas a ser maquinista de tren cuando seas grande.

Yo quiero ser capitán de un buque; pero a mi mamá no le gusta, porque dice que los marinos se van muy lejos y no llegan nunca a su casa. Tampoco quiere que sea aviador.

Mi papá no dice nada, y mi hermanita Miriam - que todavía no va al colegio- dice que a ella le encantaría tener un hermano grande que fuera dueño de una dulcería.

No te cuento más porque estoy muy apurado. Antes de que llegue mi papá tengo que escribir 20 veces esta frase: "No debo comer el postre de Miriam".

Se despide tu amigo,

José.

El niño y los dulces.

Un niño metió su mano en un recipiente lleno de dulces. Y tomó lo más que pudo, pero cuando trató de sacar la mano, el cuello del recipiente no le permitió hacerlo. Como tampoco quería perder aquellos dulces, lloraba amargamente su desilusión. Un amigo que estaba cerca le dijo:

- Confórmate solamente con la mitad y podrás sacar la mano con los dulces.-

Moraleja

Nunca trates de abarcar más de lo debido, pues te frenarás.

La zorra y los racimos de uvas.

Estaba una zorra con mucha hambre, y al ver colgando de una parra unos deliciosos racimos de uvas, quiso atraparlos con su boca.

- ¡ Ni me agradan, están tan verdes....!

Moraleja

Nunca traslades la culpa a los demás, de lo que no eres capaz de alcanzar

ADIVINANZAS

1
Alto alto como un pino,
pesa menos que un comino.

2
En el monte, grita;
en la casa, mudita.

3
Adivina quién soy:
cuanto más lavo,
más sucia voy.

4
Oro parece, plata no es,
quien no lo adivine bien bobo es.

5
Vestidos de negro,
venían dos caballeros;
uno al otro le decía:
¡Yo primero! ¡Yo primero!

6
Dos niñas asomaditas
cada una a su ventana;
lo ven y lo cuentan todo,
sin decir una palabra.

7
Una cajita chiquita,
blanca como la cal:
todos la saben abrir,
nadie la sabe cerrar.

8

Respuestas en la página 80 Si lo nombro, lo rompo.

9

Te la digo y no me entiendes,
te la repito y no me comprendes.

10

Todo el mundo lo lleva,
todo el mundo lo tiene,
porque a todos les dan uno
en cuanto al mundo vienen.

11

¿Qué será, qué es:
mientras más grande,
menos se ve?

12

Tiene ojos de gato y no es gato,
orejas de gato y no es gato;
patas de gato y no es gato;
rabo de gato y no es gato.

13

Una vieja titiloca
con la boca en la barriga
y las tripas en la boca.

14

Todos me pisan a mí,
pero yo no piso a nadie;
todos preguntan por mí,
yo no pregunto por nadie.

15

Entre más cerca, más largo,
entre más largo, más cerca.

16

No me hace falta sacar pasaje:
me mojan la espalda
y me voy de viaje.

Respuestas en la página 80

RESPUESTA A LAS ADIVINANZAS

1- El humo

2- El hacha

3- El agua

4- El plátano

5- Los zapatos

6- Los ojos

7- El huevo

8- El silencio

9- La tela

10- El nombre

11- Oscuridad

12- La gata

13- La guitarra

14- El camino

15- La cerca

16- La estampilla